Kleine Ravensburger

Dorothea Cüppers

Morgens früh um sechs

Otto Maier Ravensburg

Morgens früh um sechs
kommt die kleine Hex',

morgens früh um sieben
schabt sie gelbe Rüben,

morgens früh um acht
wird Kaffee gemacht,

morgens früh um neune
geht sie in die Scheune,

morgens früh um zehne
holt sie Holz und Späne;

feuert an um elf,
kocht dann bis um zwölf:

Frösche, Krebs und Fisch,
Kinder, kommt zu Tisch!

Kleine Ravensburger

2 3 4 92 91 90 89

Kleine Ravensburger Nr. 39

Umschlaggestaltung: Kirsch & Korn, Tettnang
Redaktion: Gerlinde Wiencirz
Printed in Germany · ISBN 3-473-33139-2